GIACOMO BRUNO

LETTURA VELOCE
PER BAMBINI

Tecniche di Lettura e
Apprendimento Rapido
per Bambini da 0 a 12 Anni

Titolo

"LETTURA VELOCE PER BAMBINI"

Autore

Giacomo Bruno

Editore

Bruno Editore

Sito internet

http://www.brunoeditore.it

Tutti i diritti sono riservati a norma di legge. Nessuna parte di questo libro può essere riprodotta con alcun mezzo senza l'autorizzazione scritta dell'Autore e dell'Editore. È espressamente vietato trasmettere ad altri il presente libro, né in formato cartaceo né elettronico, né per denaro né a titolo gratuito. Le strategie riportate in questo libro sono frutto di anni di studi e specializzazioni, quindi non è garantito il raggiungimento dei medesimi risultati di crescita personale o professionale. Il lettore si assume piena responsabilità delle proprie scelte, consapevole dei rischi connessi a qualsiasi forma di esercizio. Il libro ha esclusivamente scopo formativo.

Sommario

Introduzione   pag. 5
Capitolo 1: Come funziona la mente dei bambini   pag. 9
Capitolo 2: Apprendere a colori con le mappe mentali   pag. 35
Capitolo 3: Come leggere velocemente già da bambini   pag. 62
Conclusione   pag. 92

Introduzione

Era il 1990 e avevo solo tredici anni quando decidevo di andare in edicola a spendere tutti i soldi della mia "paghetta" per il corso *Memo - Memoria e Metodo*, composto da un fascicolo settimanale e un'audiocassetta. Sì, ero un bambino anch'io, ma guardavo decisamente avanti. Volevo imparare ad andare bene a scuola, ma non amavo il metodo di studio ripetitivo e noioso che proponevano i miei professori. Cercavo qualcosa di innovativo che potesse massimizzare il mio impegno e aiutarmi a ricordare le informazioni facilmente, che mi consentisse di leggere un libro in poco tempo.

Ricordo benissimo che alle scuole medie dovevo studiare 5/10 pagine del libro per volta e per ciascuna materia. Uno stillicidio! Dopo aver appreso le tecniche di lettura veloce ho cambiato approccio: leggevo l'intero libro all'inizio dell'anno, in poche ore, e assorbivo il 90 per cento dei contenuti in pochissimo tempo. Quando poi gli insegnanti ci assegnavano le pagine da studiare, per me era una passeggiata: le informazioni erano già nel mio cervello. E i miei voti sempre ottimi.

Quando oggi, a più di vent'anni di distanza, insegno queste strategie di lettura e apprendimento rapido, tante persone mi dicono: «Ah, se le avessi conosciute ai tempi della scuola!» Sempre meglio tardi che mai, dico io. E d'altra parte anche io a tredici anni pensavo: «Ah, se le avessi imparate in prima elementare!» La verità è che prima le impariamo e meglio è, perché le applicheremo in modo spontaneo per leggere e apprendere. Io ho una figlia di due anni e puoi star certo che ho già iniziato a insegnarle delle strategie.

Perché insegnare queste tecniche ai bambini? In America i dati statistici riferiscono che il 60-70 per cento dei bambini prende farmaci per favorire l'apprendimento e curare presunti deficit di attenzione. Quasi certamente questi bimbi non hanno particolari problemi di apprendimento ma, semplicemente, qualcuno li ha "convinti" ad averne. Come? Magari l'insegnante dice al genitore che il bambino è un po' disattento, che non riesce ad applicarsi correttamente e che non prende buoni voti; da ciò si deduce che è "malato" e, per questo, deve assumere farmaci. La trovo un'assurdità.

Anche la Programmazione Neuro-linguistica (PNL) guarda con scetticismo questo tipo di soluzioni. Uno dei suoi più famosi autori, Robert Dilts, nel suo testo *Apprendimento dinamico*, parla proprio di questo problema affermando che è del tutto assurdo considerare una persona malata solo perché, magari, ha una diversa strategia per apprendere.

In questo ebook ti spiegherò come funziona la mente dei bambini. Se sei un genitore e stai leggendo questo testo per i tuoi figli, o un insegnante che lo fa per i propri alunni, hai fatto la scelta giusta. Lo scopo di questo manuale è aiutarti a educare il bambino ad apprendere in modo innovativo, efficace; potrai insegnare le modalità di lettura e memorizzazione come fosse un gioco. Il vantaggio è che poi applicherà spontaneamente queste tecniche quando si troverà a studiare per la prima volta.

Buona lettura!
Giacomo Bruno

CAPITOLO 1:

Come funziona la mente dei bambini

Sai perché amo i libri per bambini? Perché sono grandi, belli, colorati, pieni di disegni, illustrazioni e fotografie. Guarda i libri degli adulti: in bianco e nero, carattere piccolissimo, nessuna foto, carta giallina.

Il nostro cervello, che noi siamo bambini o adulti, funziona sempre nello stesso modo: ama i colori, i caratteri grandi, ben leggibili, immagini e fotografie. È così e basta, è una questione di emisferi cerebrali: di un testo ci interessano i contenuti ma anche la parte creativa ed emozionale.

Non a caso le copertine dei libri, specialmente su internet, rappresentano un fattore tra i più importanti per il marketing e la vendita. Le emozioni, negli esseri umani, vincono sempre sulla razionalità. È così da 0 a 100 anni.

Allo stesso modo, la maggior parte dei metodi di apprendimento rapido insegna a noi adulti a utilizzare quegli stessi strumenti – come le associazioni o le mappe mentali – che utilizzavamo da bambini, strumenti che con il passare del tempo qualcuno (la cultura, gli insegnanti, i genitori) ci ha detto di abbandonare in favore di altre metodologie.

La maggior parte delle persone alle quali chiedo: «Sai memorizzare efficacemente?», risponde: «No, sono uno che si dimentica le cose, non ricordo quasi mai i nomi, non ricordo i numeri di telefono, non ricordo questo, non ricordo quest'altro, sono sbadato, non sono attento». Capisci?

Difficilmente ho trovato qualcuno che mi dicesse: «Sì, io sono bravo a memorizzare, memorizzo sempre tutto quello che voglio». Questo cosa vuole dire? Che la cultura nella quale viviamo ci ha installato sin da bambini convinzioni molto limitanti, cioè ci ha trasmesso l'idea che il nostro cervello abbia, tutto sommato, dei grossi limiti. In realtà è soltanto questione di strategie.

Con questo testo voglio fare in modo che tu, in qualità di genitore, insegnante o formatore, possa insegnare ai bambini con i quali sei a contatto come preservare i loro metodi e la loro creatività, oltre alle loro convinzioni potenzianti.

Devi sapere che il cervello è bombardato da miliardi di informazioni ogni giorno, e che le nostre capacità di memorizzazione sono sufficienti ad assorbirle tutte. Alcuni affermano che utilizziamo le potenzialità del nostro cervello solo al 10 per cento; come mai? E come si può ricordare meglio? Basta usare le giuste strategie. Il problema è che possediamo metodi mnemonici poco efficienti; ottimizzandoli, anche le informazioni che riceviamo potranno essere immagazzinate meglio.

SEGRETO n. 1: il cervello dei bambini è in grado di assimilare moltissime informazioni al giorno, ma servono strategie efficaci per sfruttarlo al meglio.

D'altronde nessuno ha mai insegnato le tecniche giuste né a te né ai tuoi bambini, e se già ne usi alcune è perché le hai sviluppate grazie alla tua capacità e al tuo intuito. In questa guida parlo non solo e non tanto delle tecniche classiche di memoria, ma spiego soprattutto quelle più innovative, quelle più efficaci, quelle più intuitive, che non sono assolutamente faticose da imparare e che sono particolarmente adatte ai bambini. E soprattutto ti spiegherò i principi di funzionamento di queste tecniche e i motivi per i quali sono così efficaci. A te deve interessare soprattutto comprenderne il funzionamento, in modo tale da poterle insegnare in modo consapevole e ottenere buoni risultati. Sappi che, con l'esercizio costante, utilizzarle diverrà automatico. Per i bambini che studiano, questo significa poter apprendere e memorizzare grandi quantità di informazioni.

Quando entrai per la prima volta in contatto con il mondo delle tecniche di memorizzazione, nel 1990, si utilizzavano solo le metodiche classiche, non venivano insegnate ancora le mappe mentali che, secondo me, sono lo strumento migliore per bambini e adulti. La cosa che un po' rimprovero ai miei formatori di allora è che procedevano spiegando le tecniche senza dirmi quale principio le reggesse.

Avendole studiate posso dirti che funzionano, anche se non sono tutte utili, soprattutto al nostro scopo. Infatti, che senso ha insegnare ai bambini come memorizzare un numero lungo cinquanta cifre? Chi mai glielo chiederà? In quale occasione della vita potrebbe servire loro? Mai, credo: non lo chiedono il lavoro, né la società o la cultura; lo puoi fare per gioco o per dimostrazione.

O ancora, è davvero così utile imparare la tua rubrica a memoria? Nel '90 aveva un senso voler imparare tutti i numeri di telefono di familiari, amici e collaboratori a memoria; oggi, con la rubrica elettronica del cellulare o del palmare sempre a portata di mano, non serve più. Mia figlia gioca con iPhone e iPad da quando ha 9 mesi!

Punta piuttosto su quegli esercizi e quelle tecniche che consentiranno al bambino di acquisire un metodo ottimale di lettura e studio.

Ora ti invito a fare un esercizio che ti permetterà di fare il punto sull'attuale capacità di memorizzazione del bambino. Leggi velocemente come si deve svolgere e poi eseguitelo insieme per un confronto. È probabile che lui impari meglio di te, perché i bambini hanno una mente più aperta alla creatività.

ESERCIZIO - Elencherò una serie di parole. A seconda dell'età del bambino, potrete leggerle insieme oppure sarai tu a elencarle a voce. Dovete cercare di memorizzarle in tempo reale, dandovi un intervallo di circa 3 secondi tra l'una e l'altra. Pronti?

- Ciambella
- Penna
- Oca
- Montagna
- Vela
- Gancio
- Ciliegia
- Trampolino
- Clessidra
- Racchetta

Bene, ora distogliete gli occhi dalla lista e provate a ripeterli nell'esatta sequenza. Fai cominciare lui e poi cimentati anche tu; chi deve trarre maggior beneficio è infatti il bambino.

Com'è andata? Se non è riuscito a ricordare che le prime 2-3 parole non preoccuparti, è successo perché ancora non ha acquisito una strategia per memorizzare e, mancando questo supporto, non è ancora in grado di fissare tanti dati in sequenza. Segna comunque il vostro punteggio perché più avanti, quando applicherete le tecniche di memorizzazione, potrete costatare un miglioramento nei risultati.

Ti dirò anche che, in questo caso, era persino facile memorizzare, giacché si parlava di cose concrete come, ad esempio, una ciambella o una penna; sarebbe stato molto più complesso se avessi parlato di sentimenti (amare, odiare) o di parole astratte che, specialmente per i bambini, sono più difficili da visualizzare nella mente.

E allora, qual è il segreto per memorizzare le informazioni? Che le informazioni siano concrete o astratte il principio base della memorizzazione è uno: bisogna trasformare la singola parola in un'immagine (*Tecnica delle Immagini*). L'immagine dovrà possedere alcune caratteristiche; in particolare dovrà essere:

- stravagante
- concreta
- animata
- in movimento
- colorata
- coinvolgente per tutti i sensi
- gigantesca
- esagerata
- divertente

SEGRETO n. 2: la mente dei bambini memorizza trasformando una parola in un'immagine concreta, coinvolgente, distorta e assurda.

Questa rielaborazione serve per coinvolgere nella memorizzazione entrambi gli emisferi del cervello, il razionale e il creativo. Per contro, insegnare a un bambino a memorizzare una lista di parole in maniera *auditiva*, quindi facendogliele ripetere più volte, sarà per lui ostico oltre che molto noioso. Eppure è l'unico e solo metodo che viene insegnato a scuola.

Ricordi quante poesie, anche tu, hai dovuto imparare da bambino? Le ripetevi fino allo sfinimento! Alla fine le imparavi, tuttavia sarebbe stato molto più rapido, utile e divertente memorizzarle rendendole più concrete, trasformandone le varie parti in altrettanti spezzoni di un film.

Come insegnare, dunque, a memorizzare in modo efficace? Torniamo ora al nostro elenco di parole e prendiamo in esame la prima parola: "ciambella". L'immagine corrispondente che si crea nella tua mente è, magari, quella di una bella ciambella calda e zuccherosa. Il segreto è cambiare questa immagine, renderla assurda, stravagante, animarla, creare dei riferimenti con l'umorismo e tutto quanto possa venirti in mente. Questo processo, insegnato ai bambini, permette loro di coinvolgere i diversi sensi nella memorizzazione.

La mente ha bisogno di operare delle distorsioni per memorizzare al meglio, l'importante è associare all'oggetto più emotività possibile per far sì che rimanga impresso. Questo va fatto per tutte le parole della lista. In pratica dovete prendere una parola e trasformarla nella più bizzarra delle immagini mentali. Perché sono sicuro che un bambino non dimenticherebbe mai una ciliegia di 100 Kg, con gli occhi spalancati e una bocca gigante che lo saluta con un bel «ciao!». Mi spiego?

Se questa tecnica ti è chiara prova a fare altri esercizi con i bambini. Ricordati solo di trasformare tutto in un gioco, magari proprio in una gara di memoria, così da non annoiarli ma, anzi, farli divertire!

Il passo successivo per memorizzare non solo le singole parole ma l'intera sequenza di parole consiste nel legarle una a una creando un film (*Tecnica del Film*). Nel far questo devi avere il massimo riguardo a che le parole della lista siano distorte a dovere e possano distinguersi da tutte le altre che immaginerete nel creare il film mentale.

Prova a raccontare a un bambino la storia che segue e vedrai che saprà ripetertela in un attimo, anche sentendola una sola volta.

«Un giorno esco di casa con una *ciambella* gigante intorno al corpo, piena di zucchero che mi cade addosso. Mentre cammino, prendo una *penna* rossa e la metto nel naso. Ma un'*oca* rosa mi vede e inizia a scappare starnazzando e allora mi metto a inseguirla. Dopo un po' arrivo a una grande *montagna*, tutta ricoperta di neve. Ci sono tanti sciatori ma soprattutto un'enorme barca a *vela* che scia sulla neve, scendendo giù velocemente. Dietro alla barca, c'è un *gancio* di gomma e mi ci attacco con forza, così riesco ad allungarmi per prendere un albero di *ciliegie* rossissime e inizio a mangiarmele. Ma improvvisamente arriviamo a un *trampolino* gigante che lancia tutti verso il cielo e pian piano riscendiamo giù. Le nuvole hanno una stranissima forma a *clessidra* e scandiscono il tempo, che passa lento. All'interno della clessidra scende la sabbia che crea dei veri e propri campi da tennis dove le persone possono giocare con la propria *racchetta* gigante».

Ti garantisco che qualsiasi bambino è in grado di memorizzarla praticamente subito. Pensa per un attimo alle favole: dopo un po' di volte che ripeti sempre la stessa storia, basta un errore e il bambino ti corregge subito. Praticamente la sa a memoria! Lo stesso dicasi per i film: mio nipote già a quattro anni sapeva a memoria tutti i film Disney. E quando dico "a memoria" è proprio così: tutte le scene, battuta per battuta. Non è un bambino superdotato, è semplicemente un bambino, e come tale il suo cervello funziona benissimo.

ESERCIZIO – Ora ti ripeterò la medesima sequenza di parole di qualche pagina fa, stavolta tu e il bambino dovete memorizzarla utilizzando il metodo del film che ti ho descritto. Pronti?

- Ciambella
- Penna
- Oca
- Montagna
- Vela
- Gancio
- Ciliegia
- Trampolino
- Clessidra
- Racchetta

Concedi al bambino qualche minuto per rendere le immagini stravaganti e creare un film con tutte le parole in sequenza. Ripeti la sequenza un paio di volte, così che possa ripassare il film e rinforzare le immagini chiave.

Sono certo che sarà molto più divertente ed efficace rispetto alla prima volta. Si tratta di una strategia molto semplice che sfrutta il funzionamento inconscio del cervello dei bambini, oltre che degli adulti. Insomma basta inventare una situazione immaginaria, con un inizio e una fine, dove queste parole chiave siano messe bene in evidenza e ben distorte.

SEGRETO n. 3: la mente dei bambini funziona per sequenze di immagini legate tra loro come fossero un film mentale divertente e bizzarro, sfrutta questo meccanismo per favorire la memorizzazione.

Prova quest'altro gioco di memoria: insegna la lista dei pianeti del sistema solare, in ordine di distanza dal Sole. Probabilmente non la conosci neanche tu; ebbene ora farò in modo che sia tu che il bambino la ricordiate per il resto della vostra vita. Questo esempio ti aiuterà a mettere in pratica ancora una volta in modo divertente la tecnica del film che, ricordo, potrete adottare per memorizzare qualsiasi lista.

Mi insegnò questa storia una formatrice bravissima; ricordo che in un modo simile imparai, grazie a un audiocorso, la lista delle fermate della metropolitana di Roma.

ESERCIZIO – Memorizza la sequenza dei pianeti. Partiamo dal Sole: il primo pianeta che incontriamo è *Mercurio*. Immaginalo come fosse un enorme termometro (che, com'è noto, contiene mercurio); fa molto caldo perché il sole è a un passo, quindi la temperatura sale, sale, sale, fino a che... baaam! Il termometro si rompe, esplode e saltano vetri da tutte le parti: un disastro.

Poco più in là c'é *Venere* in costume che, approfittando di questo caldo incredibile, sta prendendo il sole. Si dice in giro che sia anche una bella ragazza e quindi lascia che il Sole la ammiri in tutta la sua bellezza. Poi, dopo un po', stanca di stare lì ad abbronzarsi, decide di scendere sulla *Terra* a fare un giro per locali. Quindi scende sul nostro pianeta, fa un giro per le città e poi scopre che le è venuta fame, come può soddisfarla? Naturalmente mangiando un Mars! Quindi arriva su *Marte*, dove c'é la piantagione dei Mars. Vi piace questo snack? Immaginate di assaporarlo. Dopodiché Venere pensa che sia ora di andare a trovare suo marito, il grande *Giove*, un gigante enorme tutto rosso. Questi, sempre prodigo di regali, le fa dono di un diario con su la scritta S.U.N., che in inglese significa Sole, ma che sta anche per *Saturno, Urano* e *Nettuno*, i tre pianeti successivi.

Chiaro? Ora attendi dieci minuti e chiedi al bambino di ripeterti la sequenza; provate a riscriverla:

1) _____

2) _____

3) _____

4) _____

5) _____

6) _____

7) _____

8) _____

Fai lo stesso il giorno successivo, in questo modo rafforzerai la memoria.

Ora immagina di avere, al posto dei pianeti, la lista delle parole chiave più importanti di un libro. Più avanti, con le tecniche specifiche di lettura veloce per bambini, ti insegnerò come estrapolarle. Io, ad esempio, in terza media, e poi negli anni a seguire, sia al liceo sia all'università, ho sostenuto l'esame utilizzando queste tecniche di memoria unite all'utilizzo delle coloratissime mappe mentali, nelle quali erano riassunti tutti i punti chiave delle materie che avevo studiato. Avevo solo tredici anni.

Non solo la mia mente aveva memorizzato le mappe come una fotografia, ma avevo anche utilizzato la "tecnica del film" per ricordare l'intera sequenza degli argomenti da trattare. In questo modo non ho avuto un solo attimo di tentennamento, anzi ho mostrato massima sicurezza dall'inizio alla fine della mia esposizione.

Una volta, sempre in quel periodo, vennero due persone a fare una dimostrazione nella mia classe, rappresentanti di una delle prime società di formazione in Italia, che utilizzava nuovi sistemi venuti dall'America. C'era il capo assieme a una; ci dissero: «Ora, a turno, ciascuno di voi alunni», ed eravamo 30 in classe, «deve dire una parola qualsiasi». Il tipo la scriveva alla lavagna, ma più per ricordarla a noi alunni che non alla ragazza; questa infatti, ad occhi chiusi e in tempo reale, memorizzava tutte le parole.

Dopo che l'ultimo alunno ebbe detto la sua parola lei fu in grado di ripetercele una a una, dalla prima all'ultima e dall'ultima alla prima. Non solo, noi le chiedevamo: «Dicci la parola numero 17», e lei era in grado di dircela; e ancora: «Dicci le parole dell'elenco che ancora non ti abbiamo chiesto», e lei fu in grado di dircele. In sostanza aveva creato uno *schedario mentale* nel quale poteva immettere ed estrarre parole. La dimostrazione è stata straordinaria; io ero molto incuriosito, perché mi è sempre interessato capire le potenzialità del cervello, tuttavia sono stato l'unico della mia classe. Credo che i miei compagni, all'epoca, mi prendessero per pazzo; mi dicevano: «Non solo c'é tanto da studiare in vista dell'esame, in più tu vai a complicarti l'esistenza con corsi che comportano altro studio!»

L'altro giorno in libreria ho comprato a mia figlia di 2 anni dei libri che insegnano i numeri e le lettere. Si tratta di *Disegno i*

Numeri e *Disegno le Lettere* di Francesca Grazzini, editore Fatatrac, e te li consiglio.

Ogni pagina, di quelle in cartoncino alto mezzo centimetro, un classico dei libri per bambini piccoli, raffigura un numero o una lettera disegnati in maniera molto buffa. Ogni numero è un personaggio che rimane vividamente impresso nella mente dei bambini, li aiuta nella memorizzazione sfruttando i meccanismi inconsci e gli emisferi del cervello. Ad esempio, il 2 della copertina è disegnato come fosse un cigno.

Secondo te per un bambino è più facile immaginare e visualizzare un bel cigno bianco o un astratto simbolo di cui non conosce ancora il significato? La risposta è ovvia. Per questo affermo con certezza che le strategie di apprendimento, memoria e lettura veloce che mettono in gioco entrambi gli emisferi del cervello possono funzionare anche con bambini piccolissimi.

SEGRETO n. 4: le tecniche di apprendimento, memoria e lettura veloce sono efficaci per i bambini a partire da 0 anni perché sfruttano meccanismi inconsci del cervello.

RIEPILOGO DEL CAPITOLO 1:

- SEGRETO n. 1: il cervello dei bambini è in grado di assimilare moltissime informazioni al giorno, ma servono strategie efficaci per sfruttarlo al meglio.
- SEGRETO n. 2: la mente dei bambini memorizza trasformando una parola in un'immagine concreta, coinvolgente, distorta e assurda.
- SEGRETO n. 3: la mente dei bambini funziona per sequenze di immagini legate tra loro come fossero un film mentale divertente e bizzarro, sfrutta questo meccanismo per favorire la memorizzazione.
- SEGRETO n. 4: le tecniche di apprendimento, memoria e lettura veloce sono efficaci per i bambini a partire da 0 anni perché sfruttano meccanismi inconsci del cervello.

CAPITOLO 2:

Apprendere a colori con le mappe mentali

Ti divertivi ad apprendere all'asilo? Certo! Perché potevi disegnare, colorare, scarabocchiare. Ti sei divertito più avanti ad apprendere a scuola? No! La scuola magari era bella perché avevi tanti amici e potevi fare gruppo, ma se solo pensi all'ansia delle interrogazioni e dei compiti in classe... Per non parlare, poi, della settimana che non finiva mai, dei compiti da fare perfino la domenica.

Perché la scuola era un momento così poco attraente per te? Avevi forse scarso interesse per lo studio? Probabilmente non è così. Pensa per un attimo alle lezioni, alle spiegazioni dei tuoi maestri e professori: erano interessanti o ti annoiavi? In Programmazione Neuro-Linguistica affermiamo che ognuno deve assumersi la responsabilità della propria comunicazione; quindi, se un professore non riesce a interessare gli allievi, a mantenere viva la loro attenzione è chiaro che questi saranno portati a distrarsi in mille modi e si annoieranno, non per colpa loro ma del professore che non si è reso interessante.

L'associazione che hai creato negli anni è semplicemente questa: *apprendimento = dolore*. Ti hanno insegnato a non apprezzare la scuola, installandoti un senso di ansia e paura. In questa guida scoprirai come evitare questo a tuo figlio o ai tuoi alunni; il segreto sarà creare l'associazione *apprendimento = piacere* e trasmetterla in un'epoca precoce al bambino, che così affronterà gli studi con uno slancio vincente.

SEGRETO n. 5: la scuola ci ha insegnato, a livello inconscio, che *apprendimento = dolore*, **invece ai bambini va insegnata l'associazione** *apprendimento = piacere*.

A nessuno di noi, ai tempi della scuola, hanno insegnato ad apprendere in maniera rapida; attraverso le spiegazioni, gli insegnanti ci hanno trasmesso i soli contenuti, non ci hanno detto però come studiarli.

Non ci hanno mai insegnato a parlare in pubblico, eppure ai tempi ci capitava di farlo, basti pensare alla classica interrogazione dove si aveva come uditorio l'insegnante e una classe di 20-30 alunni. Un bambino timido di fronte a una prova del genere che fa? Può aver studiato quanto vuole, magari è davvero bravo, però in una situazione del genere, in preda alla sua insicurezza e con tanti occhi puntati su di lui, fa molta fatica a ricordare i contenuti che ha studiato. Gli manca la capacità di parlare in pubblico: non sa impostare la sua voce e quindi non dà risalto al verbale, non sa gestire i suoi atteggiamenti e quindi non sfrutta il non verbale. Nella scuola di oggi è cambiato qualcosa? Assolutamente nulla.

Il cervello umano ha bisogno di schemi per capire, per memorizzare; solo adottando schemi puoi creare nel tuo inconscio uno schedario pronto ad accogliere qualsiasi argomento. Se invece immetti informazioni a caso, diventa difficile memorizzare; il cervello, al momento opportuno, non saprà come orizzontarsi, non riuscirà a recuperare i dati.

Una cosa importante da insegnare ai bambini è che in un testo si può anche decidere di leggere solamente le parti che interessano, senza per questo sentirsi in colpa. Questo non vale per i testi scolastici, che richiedono uno studio completo, ma è un insegnamento importante da dar loro per la vita. Una volta, durante un corso di lettura veloce, una ragazza mi disse: «La cosa più bella che ho imparato a fare in questo corso è non sentirmi più in colpa se non leggo tutto il libro pagina per pagina!» In effetti ci hanno abituati a dover leggere tutto, ma dobbiamo sforzarci di eliminare questo assurdo senso di colpa che ci hanno installato: leggo quello che mi interessa in base al mio scopo.

È lo stesso principio per il quale da bambini ci ordinavano di pulire il piatto, anche se eravamo già sazi, e per portarci a questo ci ricordavano che nel mondo ci sono milioni di bambini che muoiono di fame. Ma, a ben vedere, il fatto che io mangi sino all'ultima briciola, magari fino a sentirmi male, non risolve il problema della fame nel mondo. Bisogna fare attenzione agli insegnamenti negativi che si danno ai bambini e alle loro conseguenze nella vita.

Le mappe mentali, il più innovativo strumento per la memorizzazione e l'apprendimento di un testo, superano tutte le tecniche classiche che la scuola di oggi insegna ai bambini, e sono fondamentali per la lettura veloce.

Ma come funziona il cervello dei bambini e degli adulti? Dalla scienza sappiamo che si compone di due emisferi: sinistro e destro. L'*emisfero sinistro* presiede l'area razionale e logica, l'*emisfero destro* quella emotiva e creativa, legata alla fantasia e ai colori.

La scuola ci ha insegnato a usare una sola delle due aree, quella razionale; per questo motivo prendiamo appunti in maniera razionale, cioè scrivendo pagine su pagine e utilizzando il colore blu o nero. Questo metodo rende tutto troppo uguale e monotono, e il cervello non è in grado di memorizzare efficacemente i dati proprio perché non riesce a coinvolgere nell'apprendimento l'emisfero destro, che ha bisogno di colori. Molti studenti ovviano a questo problema sottolineando con l'evidenziatore i punti salienti di un paragrafo o di un capitolo; io, ad esempio, facevo un cerchio rosso attorno alle parole chiave che davano senso al discorso.

Utilizzare i colori è fornire una risposta al nostro emisfero destro, è tornare un po' bambini, quando imparare ci divertiva. Un bimbo all'asilo apprende moltissimo; lo fa disegnando, colorando, facendo amicizia. Si apprende di più e meglio anche perché ci si diverte. Poi arriva la scuola e addio, smettiamo di apprendere facilmente, così impieghiamo diciotto anni per memorizzare pochi concetti.

L'università aiuta ad apprendere? Io, in cinque anni di Ingegneria elettronica, ho appreso molta teoria ma ben poca pratica, tanto che dopo la laurea, preso un circuito elettronico in mano per la prima volta, non sapevo che farne. È accaduto perché, pur avendo memorizzato molti contenuti, non sapevo fare, in realtà, nulla di pratico. Non ci hanno mai fatto vedere un circuito elettronico, né una resistenza, né un chip! Alla fine devi studiare per l'esame e, superato quello, non ti rimane nulla di pratico in mano.

Per ricordare a lungo e capire quello che si sta studiando ci vuole passione, ci vuole motivazione, ci vogliono strategie. Per ottenere questo dobbiamo riuscire a coinvolgere nell'apprendimento entrambi gli emisferi del nostro cervello. Il sistema delle mappe è la risposta a questo problema, poiché riescono a sfruttare, nell'apprendimento, il funzionamento di entrambi gli emisferi.

SEGRETO n. 6: le mappe mentali sono uno strumento potente perché sfruttano i due emisferi del cervello: il sinistro, razionale e logico, e il destro, irrazionale e creativo.

Prima di spiegartele, voglio che tu faccia questo gioco: osserva lo schema riportato qui di seguito. Trovi i nomi di una serie di colori, ma il nome del colore non corrisponde al colore con cui è scritto (ad esempio la parola "ROSSO" è scritta in colore blu). L'esercizio consiste nel provare a dire, ad alta voce e velocemente, il colore con cui la parola è scritta, indipendentemente dal significato della parola stessa. Prova tu stesso e proponi il gioco anche ai bambini. Ci sarà da divertirsi!

ROSSO VERDE **BLU GIALLO** VERDE **MARRONE** NERO
BIANCO GIALLO VERDE BLU ROSSO **ROSSO**
GIALLO **VERDE** BLU **ROSSO** MARRONE GIALLO

GIALLO BLU NERO **ROSSO** GIALLO VERDE
GIALLO VERDE NERO **BIANCO**

Noterai che, già dopo pochi nomi ti è risultato certamente complicato proseguire. Inoltre, più cerchi di andare velocemente e più è facile sbagliare. Perché accade questo? Perché i due emisferi vanno in conflitto: vedi scritta la parola "verde" e percepisci però che il colore in cui è scritta è il rosso; la parte razionale, la sinistra, ti dice di leggere "verde", la parte creativa, la destra, di leggere "rosso": se lo fai velocemente, è un esercizio con cui ti farai quattro risate!

Le *mappe mentali* ideate dallo straordinario Tony Buzan, autore di grandissimo successo, sfruttano questi meccanismi del cervello e si rivelano importantissime per apprendere meglio e più efficacemente. Sono fondamentali per favorire un apprendimento creativo nei bambini, oltre che la schematizzazione e memorizzazione di contenuti.

Spiegherò ora come funziona e come si crea una mappa mentale, una volta capito il meccanismo sarai tu a doverlo insegnare al bambino. La mappa mentale è assieme razionale, perché utilizza parole chiave, e creativa, perché divertente e colorata; quindi è in grado di coinvolgere nell'apprendimento entrambi gli emisferi del cervello. Qui sotto puoi vedere un esempio di mappa; si tratta della mappa elaborata per una mia giornata di corso sull'apprendimento in una versione poco approfondita, serve giusto per darti un'idea:

A partire dalla mia mappa, ti descrivo velocemente come crearne una. *Al centro poni l'argomento principale*. Il corso si sviluppa attraverso quattro rami principali che sono: Introduzione, Mappe, Memoria e Lettura. Ciascun *ramo* ha dei *sottorami* che vanno a svilupparne e specificarne il contenuto.

Ad esempio, il ramo "mappe" comprenderà diverse tecniche, obiettivi, il modo in cui si usano e così via. Allo stesso modo il ramo "memoria" avrà dei suoi sottorami relativi a specifiche tecniche, come le parole, le immagini, i film. Infine il ramo "lettura" avrà quattro sottorami relativi alla preparazione, l'anteprima, la lettura vera e propria e il ripasso. E così via.

Ti dico tutto questo per fornirti un'idea generale. Si dice che gli esempi valgano più di mille parole, e certo attraverso uno schema del genere i pilastri dell'apprendimento ti resteranno molto più impressi. Molti studi confermano che se un messaggio viene solo enunciato se ne memorizza solo il 10 per cento, se viene anche fatto vedere e ripetere la percentuale aumenta, se poi quanto espresso nel messaggio viene fatto anche provare la capacità di memorizzazione sale in modo quasi esponenziale.

Ciascun *ramo* va fatto di *colore diverso*, proprio per distinguere gli argomenti, mentre i *sottorami sono dello stesso colore* del ramo dal quale si dipanano. Uno schema proposto in questo modo permette alla mente di *fotografare* le informazioni da assimilare.

Ricorda che la memoria più efficiente è prevalentemente quella visiva.

È fondamentale usare colori diversi per ciascun ramo, e lo stesso colore per un ramo e il suo sottoramo. Anche la scelta dei colori è molto importante. Io, ad esempio, uso il rosso, un colore acceso, per mettere in rilievo argomenti importanti rispetto al testo.

Qual è l'obiettivo di una mappa? Principalmente quello di aiutare a organizzare le idee. Ad esempio, per schematizzare l'andamento del corso di apprendimento non ti ho presentato la classica scaletta per punti, ho usato una mappa ove ho enunciato gli argomenti e illustrato il modo in cui ho intenzione di svilupparli attraverso rami e sottorami. Gli stessi sottorami possono essere poi sviluppati in diramazioni sempre più capillari.

Io ho utilizzato una mappa per progettare la mia tesi di laurea. Quando sono arrivato in sala lauree con la mia mega-mappa, un mio amico, che non sapeva che utilizzassi questo strumento, mi ha detto: «Ma cos'é questa cosa? È straordinaria!», ho risposto: «Lo so, ed è anche molto efficace».

Sì, perché già al primo impatto piace a tutti, soprattutto ai bambini, ai quali sembra un gioco divertente: è bella, è colorata. Questo è già un ottimo punto di partenza per ricordare. Prendere appunti linearmente, cioè riga dopo riga, implica che, una volta tornato a casa, un ragazzo in età scolare dovrà iniziare a studiare di sana pianta gli appunti facendo un doppio lavoro. Imparando già da bambino a creare una mappa, potrà poi risparmiare tempo e "apprendere in diretta", ascoltando una spiegazione o leggendo per la prima volta un testo. L'organizzazione dei concetti gli permetterà inoltre di tenerli immagazzinati nella memoria in modo molto più efficace e più a lungo.

Tony Buzan, nel suo libro *Mappe Mentali*, fa un confronto tra gli appunti classici, presi linearmente, e quelli raccolti tramite le mappe: ne deduce che si può risparmiare sino al 90 per cento del tempo, perché con il nuovo metodo si evidenziano le parole chiave, e il cervello, a partire da quelle, riesce immediatamente a ricostruire l'intero discorso.

Le mappe sono anche lo strumento più efficace per la memorizzazione. Io potrei, per imparare a menadito la scaletta degli argomenti di un mio corso, usare tremila tecniche classiche di memorizzazione, ma mi costerebbe moltissima fatica in più. Al contrario, una volta fatta la mia mappa, basta guardarla e... baam! Ce l'ho in testa, è fotografata, e anche se adesso decidessi di non guardarla più la ricorderei dopo un giorno come dopo alcuni mesi o addirittura anni, perché si tratta di un'immagine, e il cervello lavora velocemente ed efficacemente con le immagini.

Inoltre, quello delle mappe, è un metodo in grado di sviluppare la *creatività*; dovrai insegnare al bambino a personalizzarla, a usare un suo stile. Stimolalo a scegliere il colore, le dimensioni di un ramo, a fare dei piccoli disegni sui rami invece che scrivere parole. E come potrà elaborare la sua mappa un bambino di quattro anni? Semplice: utilizzando dei disegni al posto delle parole.

SEGRETO n. 7: i bambini possono usare le mappe per molteplici usi: dalla memorizzazione, alla creatività, alla lettura veloce.

Attraverso una mappa puoi insegnare ai bambini anche a prendere decisioni veloci. In che modo? Ad esempio, se hanno un problema a scuola da affrontare, o una questione con gli amichetti, la poni al centro della mappa evidenziandola con un cerchio di color rosso. Dal centro fai partire due rami: "vantaggi" e "svantaggi"; da questi si dipaneranno tutti i sottorami che evidenzieranno gli uni e gli altri, linee vuote che andrete riempiendo. I bambini potranno trovare le soluzioni cercate, avranno una visuale chiara e completa della situazione, e saranno in grado di prendere decisioni chiare e serene. Questo modo di affrontare le decisioni sarà per loro molto utile anche da grandi.

Come dicevo, il cervello tende a riempire le *linee vuote* disegnate sulla tua mappa, questo lo porterà a sviluppare nuove idee. Se mettiamo una linea vuota, il cervello in qualche modo troverà un'idea per riempirla.

È così che potrai insegnare al bambino a fare i suoi primi *brainstorming* (letteralmente "tempesta di cervello"); in pratica le mappe possono essere utilizzate per scrivere una serie di idee, tutte quelle che ti vengono in mente, senza inibizioni né giudizi. Insegna ai bambini a lasciarsi andare quando le utilizzano, la loro creatività ti stupirà davvero.

Si può usare una mappa anche in senso inverso, e cioè, non per arrivare da un concetto centrale a concetti periferici ma da concetti periferici a uno centrale. Hai presente quando non ricordi una cosa ma senti di averla sulla "punta della lingua"?

Se, ad esempio, non ricordi il nome di una persona ma ricordi diverse cose a lei collegate, procedi così: lascia uno spazio proprio al centro della mappa, che ti servirà per scrivere il nome quando l'avrai ricordato; da questo occhiello centrale disegna vari rami e sottorami nei quali inserirai tutti i dati in tuo possesso che riguardano, più o meno da vicino, la persona il cui nome vuoi ricordare. Se, ad esempio, si tratta di un tuo professore universitario, scriverai su di un ramo il nome dell'università, su di un altro la facoltà, su un altro ancora l'insegnamento, su un altro i colleghi che hai incontrato durante quel corso, il voto che hai conseguito all'esame e così via... ti garantisco che in un paio di minuti ricorderai il nome.

Cosa c'é dietro tutto questo? Il cosiddetto *pensiero radiante*, che si basa sulla struttura stessa del nostro cervello: partendo da una data parola si crea una serie di associazioni. Questo lavoro è svolto dai *neuroni*, cellule cerebrali che, attraverso una serie di collegamenti, creano tra loro una lunga strada che si espande sempre più.

SEGRETO n. 8: le mappe sono efficaci perché sfruttano il medesimo meccanismo di funzionamento del cervello, basato su associazioni mentali.

Più spesso percorriamo a livello mentale questa strada e più ampia essa diverrà, più semplice sarà quindi ripercorrerla. Creerai un'abitudine, tanto che poi non sarà facile scardinarla per crearne una nuova, perché la prima struttura si è cristallizzata e bisogna romperla per poterne, poi, costruire un'altra. Il pensiero radiante si combina benissimo con la tecnica delle mappe. Ecco il motivo per cui è bene insegnarle ai bambini il prima possibile, anche a 1 o 2 anni, quando iniziano a fare i primi disegni con le matitone colorate.

Quando saranno più grandi potranno utilizzare specifici software pensati appositamente a questo scopo, gli stessi che utilizziamo noi. Io, ad esempio, utilizzo *Free Mind* che è completamente gratuito; cercalo su Google per scaricarlo e installarlo sul tuo computer. È un ottimo software in costante aggiornamento.

Per i primi tempi è importante che il bambino impari a farla a mano, perché la tecnica manuale svilupperà maggiormente la sua creatività, il suo stile personale e aiuterà la sua memoria. Quali sono gli standard che anche lui dovrà imparare ad applicare nella creazione di una mappa?

Innanzitutto è importante che ci sia una *gerarchia* tra i rami che si dipanano dall'occhiello centrale. Il ramo primario è il più grande, il più massiccio; man mano che si creano i sottorami, il tratto si assottiglierà, fino a diventare una semplice riga.

La seconda cosa consigliabile, quando si crea una mappa, è che si proceda a compilarla *in senso orario*, normalmente partendo dall'angolo in alto a destra.

Il terzo aspetto tipico di una buona mappa consiste nel dare maggiore *enfasi* ai primi dati e sempre meno ai seguenti. Per cui il ramo primario sarà più grande ed evidente, così come anche la prima parola che, magari, sarà scritta in grassetto. Poi, passando ai sottorami e alle loro articolazioni, l'enfasi sarà sempre minore, scrivendo meno calcato ed evidente.

Ovviamente è anche molto importante l'uso dei *colori*. Forse il motivo principale per cui creiamo mappe è proprio perché ci danno la possibilità di utilizzare i colori e di stimolare, quindi, il nostro emisfero creativo. Spiega al tuo bambino che deve usare colori diversi per ciascun ramo, in modo che il cervello non li associ erroneamente, e al tempo stesso aiutalo a sfruttare questo meccanismo per creare collegamenti: se ci sono due argomenti correlati, può usare colori uguali o comunque simili, in modo tale da comunicarlo al cervello.

In generale spiega che non deve fare largo uso di colori eccessivamente chiari, come il giallo, a meno che non si tratti di un giallo tendente all'arancione, perché, essendo poco leggibili, potrebbero indurre il cervello a pensare che quel dato argomento non sia molto importante o addirittura che si possa evitare di memorizzarlo; potrebbe, in sostanza, generarsi un vuoto.

Può essere utile, per i bambini, accompagnare le parole con dei piccoli *disegni*. Accanto a "mappa" puoi far loro disegnare una piccola mappa; potete anche ritagliare foto da riviste o giornali:

sarà un momento creativo e sicuramente divertente, e questo, ovviamente, lo aiuterà ad avere un ottimo approccio all'apprendimento.

SEGRETO n. 9: la creazione delle mappe segue delle regole standard riguardo colori, gerarchia di rami e sottorami, sequenza di lettura e uso di immagini.

Io uso le mappe anche per individuare e raggiungere i miei *obiettivi*. Sulla mia scrivania ho una mappa con scritto al centro "Anno 20XX", tanti rami quante sono le aree della mia vita, e per ognuna i vari obiettivi che mi sono prefissato. Anche tu puoi schematizzare la tua vita dividendola in tante aree: lavoro, famiglia, amicizie, e per ogni area individuare degli obiettivi. Ai bambini puoi chiedere di fare una mappa con i loro desideri o i prossimi regali di Natale.

ESERCIZIO – A te e ai bambini propongo ora di fare la mappa della vostra ultima vacanza, una mappa divertente; voglio che associate piacere all'apprendimento. Dovete scrivere e disegnare ciò che vi ha colpito di più.

Ad esempio, parlando di New York potreste descrivere i grattacieli, l'Empire State Building, il contrasto con Ground Zero, le caratteristiche dei newyorkesi, tutti gentili, o qualsiasi altra cosa vi venga in mente riguardo a questo argomento. Vedrai che i bambini ti sorprenderanno per la profondità dei loro pensieri e dei loro ricordi!

RIEPILOGO DEL CAPITOLO 2:

- SEGRETO n. 5: la scuola ci ha insegnato, a livello inconscio, che *apprendimento = dolore*, invece ai bambini va insegnata l'associazione *apprendimento = piacere*.
- SEGRETO n. 6: le mappe mentali sono uno strumento potente perché sfruttano i due emisferi del cervello: il sinistro, razionale e logico, e il destro, irrazionale e creativo.
- SEGRETO n. 7: i bambini possono usare le mappe per molteplici usi: dalla memorizzazione, alla creatività, alla lettura veloce.
- SEGRETO n. 8: le mappe sono efficaci perché sfruttano il medesimo meccanismo di funzionamento del cervello, basato su associazioni mentali.
- SEGRETO n. 9: la creazione delle mappe segue delle regole standard riguardo colori, gerarchia di rami e sottorami, sequenza di lettura e uso di immagini.

CAPITOLO 3:

Come leggere velocemente già da bambini

Hai mai fatto caso che quando leggi ripeti mentalmente quello che stai scorrendo con gli occhi? È un processo che attiviamo perché ce lo ha installato la scuola. Sin dalla prima elementare, infatti, ci hanno insegnato a leggere ripetendo lettere, parole e poi frasi ad alta voce. Con gli anni abbiamo poi consolidato l'abitudine di dover confermare auditivamente a noi stessi ciò che leggiamo.

In realtà il tuo cervello è in grado di cogliere immediatamente le parole che scorri; leggendole, in automatico, vi associa un'immagine. L'abitudine scolastica di ripetere a voce quello che si legge è importante per i bimbi che iniziano a conoscere lettere e parole; questa procedura permette loro di loro acquisire una pronuncia corretta. Tuttavia, crescendo, l'esigenza si sposta sulla velocità di lettura e il metodo imparato alle scuole elementari non è più efficace.

Con il passare degli anni la componente auditiva che in un primo momento si estrinseca con la lettura ad alta voce si trasforma: dapprima si ha una diminuzione del volume, si passa cioè a leggere a bassa voce, infine si arriva a sviluppare la voce interiore. Quindi anche ora leggiamo auditivamente e lo facciamo attraverso il nostro dialogo interno.

Gli insegnanti di lettura veloce dei primi anni Novanta, e in realtà anche molti trainer di oggi, tentano di eliminare totalmente il dialogo interiore secondo la convinzione che è questo a rallentare la lettura. Tuttavia è molto difficile arrivare a un risultato del genere: il dialogo interiore fa parte di noi e ci aiuta nella comprensione di quanto leggiamo. Se prendiamo un libro e lo scorriamo solo visivamente, poi abbiamo l'impressione di non aver capito nulla: il dialogo interiore ci serve per conferma, è lui che ci dice: «Ok, hai capito!»

La vera lettura veloce avviene in maniera visiva. La prima domanda che genitori e insegnanti mi porgono durante i corsi è: «Ma leggendo velocemente si capisce davvero il senso del discorso?» Ebbene, non solo la risposta è: «Sì!», ma leggere rapidamente consente addirittura di capire anche di più.

Leggendo "auditivamente", infatti, diamo troppo spazio al dialogo interiore, e questo rallenta moltissimo il processo lettura-apprendimento; nel frattempo il cervello, che ha già fotografato quanto sta leggendo, si annoia e divaga pensando ad altro. Questo porta a tornare indietro, perché non si ha ben chiaro il concetto appena letto; questo impulso è denominato *regressione*, e fa parte di una serie di abitudini errate nella lettura, come lo è anche quella di rileggere più di una volta la stessa riga. E sappiamo quanto sia facile distrarsi per un bambino!

Quando leggi velocemente, ti approssimi alla velocità del cervello che, quindi, resta focalizzato su quello che stai leggendo. Per questo motivo il livello di comprensione è molto più elevato nella lettura veloce che non nella lettura classica.

Il cervello è in grado di fotografare e quindi di andare velocissimo in lettura visiva: sarebbe anche in grado di leggere una pagina al secondo. E allora come procedere? Iniziamo con le due strategie di lettura veloce più adatte ai bambini che, come vedrai, rispecchiano addirittura alcune abitudini che loro adottano naturalmente quando imparano a leggere:

- lettura orizzontale;
- lettura verticale.

Mentre la prima tecnica può essere insegnata in una fase precoce, la seconda richiede tempo prima di poter essere applicata. Una volta acquisita una buona padronanza di entrambe, potrai insegnare al bambino a usarle alternativamente o a combinarle. In ogni caso solo attraverso l'esercizio potrai decidere quale sia la più adatta per i tuoi bambini; in PNL l'esperienza diretta è l'unico indicatore certo della validità di un metodo.

Ad esempio, se qualcuno mi chiede come imparare l'inglese, io rispondo secondo la mia esperienza: attraverso lo studio di testi e l'ascolto dei cd di PNL in lingua inglese. La mia esperienza infatti è questa: ero così motivato a seguire i corsi dei trainer americani che, a lungo andare, ho imparato a comprendere e parlare la lingua. Molti altri avrebbero potuto indicare un buon corso da seguire, o consigliare una vacanza-studio sul posto. Qual è il miglior metodo? Come sempre, ognuno deve scoprirlo da sé.

Prima di addentrarci nelle tecniche di lettura, ti invito a fare un esercizio di visualizzazione che poi dovrai riproporre al tuo bambino.

ESERCIZIO - Immagina di vedere nell'aria un cerchio di circa 1 metro di diametro. Guardalo e segui l'intera circonferenza con il tuo sguardo: noterai che i tuoi occhi, nel farlo, procedono a scatti.

Questo esercizio mi permette di farti comprendere la teoria dei *punti di fissità*; su questa si fondano le tecniche classiche di lettura veloce che mirano a far includere più contenuto possibile in ogni "scatto" dell'occhio. Tuttavia è necessario fare moltissimo esercizio per aumentare il numero di informazioni che si riescono a carpire per ogni scatto. Per fortuna, anni di ricerche nel settore ci sono venute in aiuto per semplificare il metodo.

Adesso fai questo esperimento: alza la mano e immagina di disegnare nell'aria il medesimo cerchio di prima con il tuo dito indice, fa sì che il tuo occhio segua il dito; ti renderai conto che stavolta il tuo sguardo non procede a scatti, anzi è molto più fluido. Vero o no?

Prova a fare lo stesso esercizio con i bambini, che sicuramente si divertiranno. Prima dì loro di immaginare un cerchio in aria e di seguirlo con gli occhi; nota come i loro occhi si muovono a scatti. Poi disegna tu con il tuo dito il medesimo cerchio e dì loro di seguirlo; il movimento dei loro occhi sarà perfettamente fluido, ti seguiranno senza interruzioni.

Cosa puoi dedurre da questo esercizio? Che i punti di fissità esistono, ma non per forza l'occhio deve procedere a scatti; se così accade durante la lettura è perché incontriamo una parola, poi uno spazio, poi ancora una parola e così via. Se invece tu leggi il testo seguendolo con il tuo dito, allora gli occhi riescono a leggere fluidamente e senza scatti. Quindi, il primo trucco per leggere in maniera fluida è seguire il testo con il dito tracciando velocemente linee orizzontali, di qui *lettura orizzontale*.

In realtà tutti noi abbiamo iniziato a leggere in questo modo, assecondando un atteggiamento che ci era addirittura spontaneo. Tuttavia, in seguito, la scuola ci ha spinto a eliminare questa consuetudine perché considerata erronea; il nostro cervello, però, la richiede, e non praticandola ci priviamo di uno strumento importantissimo per leggere velocemente. Evita, quindi, di installare tu per primo nella mente di un bambino la convinzione che leggere con il dito sia sbagliato.

SEGRETO n. 10: la più potente tecnica di lettura veloce si basa sullo scorrere il testo con il dito, abitudine che tutti i bambini adottano in maniera spontanea.

Grazie al dito crei continuità, non hai perciò più bisogno di elaborare i punti di fissità. Leggere speditamente ti viene *naturale*, l'occhio procede velocemente e le immagini arrivano al cervello in maniera fluente. Probabilmente sentirai ancora il tuo *dialogo interiore*, e va bene così, ma stavolta sarà lui a seguire la tua velocità: la velocità impostata con il dito.

Per insegnare al bambino la lettura veloce, cominciate leggendo a un ritmo normale, rispettando la sua consueta velocità; poi, pian piano, aiutalo a velocizzare facendo procedere il dito speditamente. Inizialmente potrà sembrarti spaesato rispetto ai concetti letti, è normale; basterà un quarto d'ora di esercizio per migliorare decisamente la sua capacità di comprensione.

Infatti, sai cosa succede in genere? Che il cervello legge in maniera visiva in circa 1/1000 di secondo, mentre per leggere in maniera auditiva, con l'accompagnamento del dialogo interiore, ci mette circa 1 secondo. In quei 999/1000 di secondo il cervello si annoia perché ha già visualizzato e compreso il testo, quindi si distrae facilmente.

Prova tu stesso: più andrai veloce, più il cervello e il dialogo interiore saranno sintonizzati tra di loro, andranno alla stessa velocità e la tua comprensione migliorerà di mille volte. Facci caso, l'uso del dito nella lettura ti impedisce di fare il classico errore della "regressione", ovvero di tornare continuamente indietro, errore dovuto proprio a questa mancanza di sintonia tra velocità del cervello e velocità di lettura.

Con il dito, invece, abituati a procedere anche se hai perso alcune parole: non solo faciliterai la sintonizzazione delle velocità ma scoprirai anche, arrivato a fine del paragrafo, di essere in grado di cogliere le parole chiave anche se non hai afferrato l'80 per cento delle parole lette. Vale cioè il principio di Pareto, 80/20, secondo il quale è nel 20 per cento dei contenuti che è racchiuso l'80 per cento del significato di un testo.

Questo metodo funziona ancor di più nella lettura dei testi in lingua straniera. Se, ad esempio, provo a leggere un libro in inglese parola per parola, punto di fissità per punto di fissità non capirò niente, perché dell'80 per cento delle parole non conosco la traduzione.

Se lo leggo velocemente scorrendolo con il dito ne coglierò il significato, ciò che il libro mi vuole trasmettere, perché capto quelle due parole su dieci, quel 20 per cento che mi dà il significato totale.

> ~~Bene, hai concluso il tuo esercizio di lettura verticale anche se, probabilmente, non avrai capito molto di quanto hai letto. Tuttavia sono certo che sei~~ comunque riuscito ad individuare alcune parole chiave, non è così? Questo vuol dire che hai compreso il senso generale, anche se non hai avuto la conferma esatta di aver capito tutto, ma non è necessario capire tutto

ESERCIZIO – Prendete un libro, magari una favola con molto testo, e provate la tecnica della *lettura orizzontale*. Mettetevi seduti a una scrivania, fate preparare al bambino un bel foglio e delle matite colorate.

Fate leggere al bambino una buona parte di testo (una pagina o un paragrafo) utilizzando il dito per accompagnare le parole durante la lettura. I primi minuti saranno i più difficili e se procederà a scatti non c'è da preoccuparsi, è normale: man mano accelererà. Iniziate dedicando a questo esercizio una mezzora di tempo; fatelo leggere e, nel frattempo, aiutatelo a creare una mappa mentale con i concetti più importanti che riesce a comprendere. Mi raccomando, fatelo subito: accompagnare sin da subito la mappa alla lettura è quello che fa la differenza tra la lettura cui si è normalmente abituati e la lettura veloce.

Se tu insegni già adesso al bambino a utilizzare il dito per scorrere il testo si sentirà a suo agio, perché è una strategia che adotta naturalmente e noterà subito la maggiore velocità di lettura. Abituandolo a questa pratica gli eviterai di sviluppare quell'insicurezza che forse hai provato tu nel recuperare e adottare la tecnica.

Se ancora non hai provato fallo. All'inizio avrai la percezione di non afferrare tutti i concetti, perché sei stato abituato a confermare la tua comprensione con il dialogo interiore; pian piano, con l'esercizio, sarà il dialogo interiore a velocizzarsi, costretto a seguire la velocità del tuo dito. Sei tu che detti le regole ora!

Pur non avendo colto ogni parola, il bambino ha sicuramente colto il senso generale di quanto letto, ha compreso i concetti più importanti. Questi, collocati sulla mappa come *parole chiave*, verranno memorizzati facilmente.

La riprova della comprensione del testo l'avrete osservando la mappa mentale creata dal bambino. Una volta disegnata la mappa di tutta la favola, prova a chiedere al bambino di cosa parla, vedi se riesce a dirti le parole chiave. Sono sicuro che ti saprà rispondere.

Procedete all'inizio sottoponendo fiabe di mezza pagina, poi una e man mano più pagine. Se il bambino legge già testi più complessi allora potrà applicare il metodo direttamente al materiale di studio. Ovviamente abituando il bambino ad adottare questo metodo sin da piccolo e con materiale divertente (le fiabe) contribuirai a creare quell'associazione *studio = divertimento* che sarà importante per la sua formazione; inoltre avrà il tempo per metabolizzare e personalizzare le tecniche di lettura e memorizzazione sin ora esposte.

SEGRETO n. 11: insegna al bambino ad associare la lettura veloce all'elaborazione di mappe mentali: mentre legge il testo deve tirar fuori le parole chiave più importanti da ciascun paragrafo e inserirle nella sua mappa.

La lettura orizzontale consente dunque di abituare il bambino sin da subito a una lettura fluida e ottimizzata.

Una volta acquisita la prima tecnica, sarà utile insegnare anche la tecnica della *lettura verticale*. Grazie ad essa il bambino accelererà ulteriormente la capacità di lettura del testo, procedendo una riga per volta. È bene sapere sin da subito che per i bambini la lettura verticale è più impegnativa rispetto a quella orizzontale; non è infatti facile riuscire a cogliere, con una sola occhiata, il senso di tutta una riga.

Non lo è, almeno all'inizio, nemmeno per noi adulti. Per questo voglio che tu per primo la provi, per vedere se riesci a cogliere, attraverso alcune parole chiave, il senso complessivo del paragrafo o del capitolo. Spesso ti capiterà di non riuscire a leggere proprio gli estremi della riga: non ti preoccupare, probabilmente quei contenuti fanno parte di quell'80 per cento che non ti serve a niente. Impara ora a notare come spesso gli argomenti più importanti, cioè quel famoso 20 per cento di contenuti sostanziali, sono esposti all'inizio e alla fine di un paragrafo o di un capitolo. Normalmente l'autore espone subito l'argomento chiave del testo, quindi già offre una prima sintesi del contenuto, e conclude riepilogando le conclusioni più importanti, quindi offre un altro riassunto.

In molti casi basta leggere in maniera selettiva per capire il senso di un testo manualistico, senza sentirsi in colpa per non aver letto con attenzione tutti i restanti contenuti.

ESERCIZIO – Adesso, per dieci minuti, prova tu la *lettura verticale*. Devi usare sempre il dito, come prima, solo che invece di andare in orizzontale, da sinistra a destra, ora andrai in verticale, dall'alto verso il basso, riga dopo riga, mantenendo la visuale al centro della pagina. Ovviamente all'inizio andrai più lento, poi sempre più spedito. Tenta di cogliere con gli occhi più informazioni possibili e porta avanti la tua mappa.

Quando avrai concluso l'esercizio di lettura verticale, probabilmente, non avrai capito il 100 per cento di quanto hai letto. Sono certo, però, che sei riuscito a individuare alcune *parole chiave*; avrai quindi compreso il senso generale, anche se non ha la conferma esatta di aver capito tutto.

Perché imparare la lettura verticale dopo quella orizzontale? La risposta è semplice: per velocizzare la lettura orizzontale! Puoi proporla al bambino come un gioco, servirà a illustrargli una tecnica, nulla più. Quindi, prendi ora una nuova favola e applica il metodo della lettura verticale: il bambino dovrà essere in grado di identificare i personaggi principali della storia e di capirne le dinamiche.

SEGRETO n. 12: la lettura verticale è un metodo più avanzato che utilizza sempre il dito e aiuta a velocizzare ancora di più la lettura orizzontale.

Se ora fai leggere il bambino, scoprirai che andrà molto più veloce rispetto al primo tentativo. Ovviamente, poiché il bambino tende a vocalizzare, la velocità sarà nell'approccio visivo al testo. In sostanza, gli insegnerai a ricavare le informazioni più importanti.

Io ho praticato queste strategie da quando avevo tredici anni e posso dirti che sono facili da apprendere e meravigliosamente efficaci. In questi venti anni ho anche sviluppato delle mie personalissime tecniche di lettura veloce che mi hanno consentito di leggere oltre 200 libri l'anno. Attualmente utilizzo la tecnica del **saltellamento**, che è un mix tra le due che ti ho insegnato: si tratta, leggendo, di saltellare qua e là da una riga all'altra, molto velocemente.

Il segreto, comunque, è sempre quello: insegna presto le tecniche descritte per vederne i frutti al momento opportuno. Il bambino, infatti, adotterà spontaneamente quella strategia che, negli anni, ha imparato a utilizzare nel gioco.

Nell'insegnare queste tecniche non trascurare mai la mappa: è inutile ricavare velocemente delle informazioni se poi non si crea il presupposto per memorizzarle. Se non lo abitui a disegnarla durante la lettura, il tuo bambino salterà un pilastro fondamentale del metodo che coinvolge entrambi gli emisferi del cervello, pertanto non riuscirai a migliorare la sua comprensione e memorizzazione del testo.

All'inizio leggere velocemente non è facile, eppure dopo un po' di esercizio diventa normale. Pensa che io, dopo quasi venti anni di lettura veloce, non sono più in grado di leggere lentamente.

Arrivo a leggere 5/6 libri sullo stesso argomento e poi li sintetizzo in un'unica grande mappa. È solo questione di abitudine: più esercizi farai svolgere al bambino, più andrà spedito. Avrà questa capacità per sempre e potrà utilizzarla ogni volta che lo vorrà. È come per la bicicletta: una volta imparata, la tecnica non si dimentica più.

Tutte queste tecniche sono importanti, tuttavia perché diano ottimi risultati nello studio devono essere gestite in un certo modo. Per quanto riguarda la memorizzazione della mappa di un libro, allo scopo di ricordarne bene i contenuti, è necessario ripassare secondo giuste scadenze: questo consente di risparmiare un bel po' di tempo e di inserire più efficacemente possibile le informazioni desiderate nella *memoria a lungo termine*.

Ad esempio, della mappa creata per un libro o un argomento, per un po' di tempo si avrà il ricordo al 100 per cento, poi, man mano che passano i giorni, questo ricordo tenderà a sbiadire. I bambini, inoltre, hanno la tendenza a dimenticare più velocemente le informazioni non ripassate, in quanto sono bombardati da milioni di stimoli e la loro mente deve pur selezionarli in qualche modo.

È normale, perché il cervello non può memorizzare a lungo termine tutte le informazioni, non è necessario e sarebbe un sovraccarico inutile. Le informazioni vengono immesse nella memoria a lungo termine quando ripassate a specifiche cadenze. Questo è lo schema più adatto per i bambini:

RIPASSO n. 1: dopo 10/30 minuti

RIPASSO n. 2: dopo 24 ore

RIPASSO n. 3: dopo 7 giorni

RIPASSO n. 4: dopo 30 giorni

Nella memorizzazione degli adulti aggiungiamo altre due fasi:

RIPASSO n. 5: dopo 3 mesi

RIPASSO n. 6: dopo 6 mesi

SEGRETO n. 13: per favorire la memorizzazione a lungo termine è bene fare specifici ripassi cadenzati: dopo 10/30 minuti, 24 ore, 7 giorni, 30 giorni.

Come impostare, in concreto, il ripasso con i bambini? Un primo ripasso va fatto poco dopo aver completato la lettura di una fiaba o di una lezione che, ricordo, è sempre accompagnata all'elaborazione di una mappa. Al primo ripasso dovrai semplicemente far ridisegnare da capo la mappa senza consentirgli di guardare la versione elaborata durante la lettura; il cervello riceverà così un primo impulso e la ricorderà più a lungo di quanto non avrebbe fatto naturalmente.

Il secondo ripasso va fatto dopo 24 ore, quindi dirai al bambino di disegnare di nuovo la mappa senza guardarla; ti renderai conto di quanto poco o nulla ha dimenticato e, anzi, con quanta facilità ha ricordato tutto.

Terzo ripasso, dopo una settimana. A questo punto non è più necessario ridisegnare la mappa da zero, dovrà semplicemente riguardarla per rinfrescare la memoria. Lo stesso vale, dopo un mese, per il quarto ripasso. Un'occhiata veloce e la mappa sarà ormai chiarissima, impressa nella memoria a lungo termine e il suo ricordo rimarrà impresso al 100 per cento.

Se, rifacendo la mappa, ti accorgi che il bambino ha dimenticato un'informazione, una volta concluso il lavoro consentigli di riguardare la mappa originale e riscrivere il dato dimenticato; in questo modo, proprio perché l'ha dovuto recuperare, non lo dimenticherà più.

Se non ricorda perfettamente tutti i contenuti della mappa, il segreto perché vengano in mente è quello di mettere delle *linee vuote*, queste porteranno naturalmente il cervello a trovare una soluzione per riempirle.

Lo schema di ripasso aiuterà i bambini a capire che il cervello lavora in modo tale per cui non si deve né trascurare per troppo tempo lo studio né fare una fatica sovrumana per immagazzinare informazioni. È un insegnamento importante da dare ai bambini, così che associno gioco e divertimento all'apprendimento.

Basta quindi eseguire i giusti ripassi, mentre in genere tendiamo agli eccessi: o non ripassiamo più il nostro lavoro perché troppo convinti di noi stessi oppure lo ripassiamo continuamente, presi dall'ansia e dalla paura di dimenticarlo. La realtà è che bastano questi ripassi veloci per fissare a lungo termine qualsiasi tipo di informazione.

SEGRETO n. 14: insegna ai bambini a cadenzare i ripassi per ottimizzare lo studio e renderlo meno faticoso; in questo modo assoceranno divertimento all'apprendimento.

Come fare, tuttavia, se il bambino sta memorizzando qualcosa per cui non è possibile l'utilizzo di una mappa, come una poesia? Semplice: anche in questo caso si dovranno stimolare entrambi gli emisferi del cervello. Il bambino potrà, ad esempio, rendere concrete le parole chiave trasformandole in immagini e creando una storiella che le unisce tutte in un film, come abbiamo visto nel primo capitolo; dopodichè la ripasserà secondo le medesime cadenze, quindi dopo pochi minuti, poi dopo 24 ore, dopo una settimana, dopo 30 giorni.

Non so te, ma io da piccolo per imparare a memoria una poesia la ripetevo mentalmente qualche centinaio di volte finché non mi era entrata in testa. Che fatica!

RIEPILOGO DEL CAPITOLO 3:

- SEGRETO n. 10: la più potente tecnica di lettura veloce si basa sullo scorrere il testo con il dito, abitudine che tutti i bambini adottano in maniera spontanea.
- SEGRETO n. 11: insegna al bambino ad associare la lettura veloce all'elaborazione di mappe mentali: mentre legge il testo deve tirar fuori le parole chiave più importanti da ciascun paragrafo e inserirle nella sua mappa.
- SEGRETO n. 12: la lettura verticale è un metodo più avanzato che utilizza sempre il dito e aiuta a velocizzare ancora di più la lettura orizzontale.
- SEGRETO n. 13: per favorire la memorizzazione a lungo termine è bene fare specifici ripassi cadenzati: dopo 10/30 minuti, 24 ore, 7 giorni, 30 giorni.

- SEGRETO n. 14: insegna ai bambini a cadenzare i ripassi per ottimizzare lo studio e renderlo meno faticoso; in questo modo assoceranno divertimento all'apprendimento.

Conclusione

Come dico sempre, le strategie di lettura veloce sono talmente semplici che, dopo averle sperimentate, potrai tranquillamente insegnarle ai bambini, magari per facilitarli nello studio. Io stesso le ho imparate per conto mio da bambino, quindi sono la prova vivente che sono facili e può impararle chiunque.

Anche le mappe sono uno strumento eccezionale per i bambini: possono usarle per schematizzare, progettare, disegnare un'idea o scrivere un sogno da realizzare da grandi.

Io ho la mia mappa con tutti gli obiettivi e da quando la uso, di qualsiasi grandezza essi siano e a qualunque settore della mia vita si riferiscano, riesco a raggiungerli. Scrivili anche tu in una mappa. E falli scrivere ai tuoi bambini. Io so che scrivere gli obiettivi funziona perché ti porta a prenderti un impegno con te stesso nel raggiungerli.

Al tempo stesso abbiamo visto come le mappe siano un'ottima tecnica mnemonica, perché sfruttano il funzionamento del cervello. In fondo ogni neurone non è che una mappa collegata ad altre mappe, quindi una certa parola o un certo argomento mi ricorderanno una serie di altre parole e argomenti ad essi collegati. Dunque, le mappe sono utili per studiare velocemente un testo e memorizzarlo ripassandolo secondo delle precise scadenze.

Inoltre, abbiamo visto il principio che sottende a una buona memorizzazione: il coinvolgere nell'apprendimento non solo l'emisfero razionale, il sinistro, ma anche il creativo, il destro. Così puoi trasformare la parola in immagine e renderla concreta, stravagante, movimentata e poi collegare tutte queste immagini in un piccolo film che ti permetta di memorizzare elenchi di parole chiave, mappe complesse e, in generale, qualsiasi altro tipo di informazione.

Ora tocca a te e ai tuoi bambini. Sono certo che hai letto questa guida tutta di seguito, senza fare pause, senza fare esercizi, senza prendere un solo libro in mano. Adesso datti da fare: rileggi la guida da capo e mettiti seriamente al lavoro con i tuoi bambini.

Buon lavoro!

Giacomo Bruno

www.ingramcontent.com/pod-product-compliance
Lightning Source LLC
Chambersburg PA
CBHW070517090426
42735CB00012B/2815